AF509269

DIVERTISSEMENT
POUR LE RETOUR DU ROY
A VERSAILLES.

MIS EN MVSIQVE

Par Monsieur DE BOESSET, Sur-Intendant
de sa Musique.

REPRESENTE'

DEVANT SA MAJESTE'.

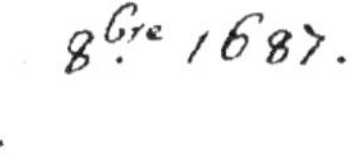

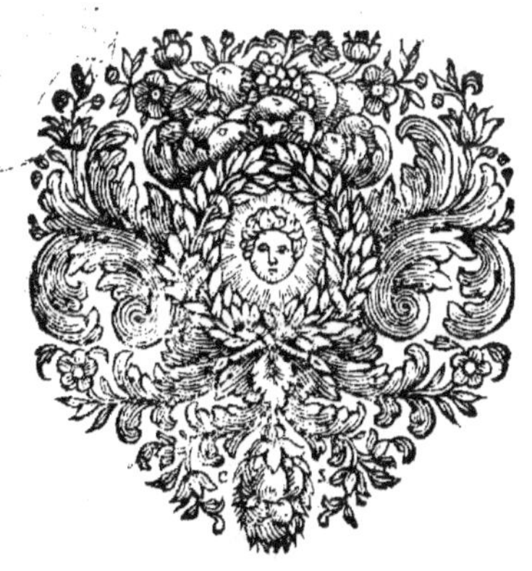

A PARIS.

____

M. DC. LXXXVIII.

par Christophe Ballard seul imprimeur du
Roi pour la musique rüe S. Jean de Beauvais
au mont Parnasse.
M. DC. LXXXVII. . . . . . . 1ere Edition que jay vüe.

ACTEURS.

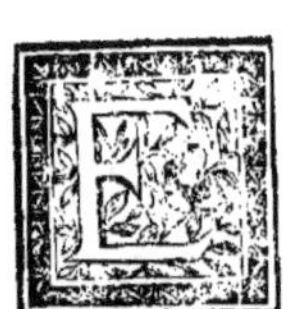 ZÉPHIRÉ, *La Nymphe de Versailles.*

ENAYS, *La Nymphe de la Seine.*

GLAUQUE, *Le Dieu du Canal.*

CYDIPE, *La Nymphe de Trianon.*

FAUNUS, *Dieu des Bois.*

TROUPE *de Sylvains & de Dryades.*

TROUPE *de Tritons & de Nayades.*

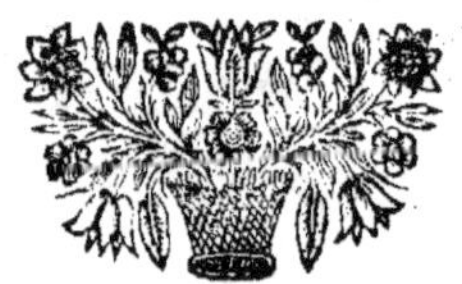

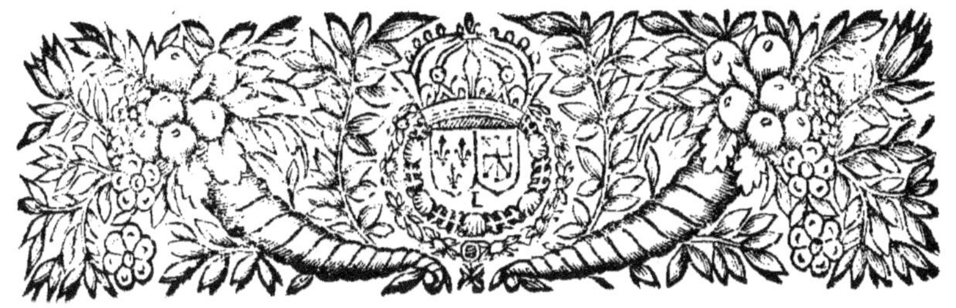

PROLOGUE.

EPHIRÉ, Nymphe de Verſailles.

B Eaux lieux, l'étonement de cent peuples divers,
Et qui malgré l'éclat de voſtre pompe extrême,
Répondez mal encore à la grandeur ſuprême
D'un Roy qui de ſon Nom remplit tout l'Univers.

Reprenez tous vos charmes
Vaſte & Noble Palais,
Nos vœux ſont ſatisfaits
Ce jour finit nos larmes:

Le Heros qui fait ſeul l'ornement de ces lieux
Les ranime par ſa preſence.
Palais, qui luy devez voſtre magnificence,
Redoublez vos attraits pour attirer ſes yeux.

4

O vous, mes fidelles Compagnes !
Et vous, Dieux qui suivez ma Cour,
Nymphes des Eaux & des Campagnes,
Venez dans ce charmant Séjour
Celebrer son heureux retour.

Le Chœur.

Allons dans ce charmant Séjour
Celebrer son heureux retour.

Une divinité des Eaux.

Mille fleurs à l'envy naissent sur nos rivages,
Nos costeaux sont exemts des vents & des orages,
Et le Soleil plus pur nous donne un plus beau jour.

Le Chœur.

Allons dans ce charmant Séjour
Celebrer son heureux retour.

Une divinité des Bois.

Nos jardins sont plus beaux, tout rit dans nos
bocages,
Les Oyseaux dans les Airs font de plus doux ramages,
Et chantent mieux l'amour.

Le Chœur.

Allons dans ce charmant Séjour
Celebrer son heureux retour.

SCENE

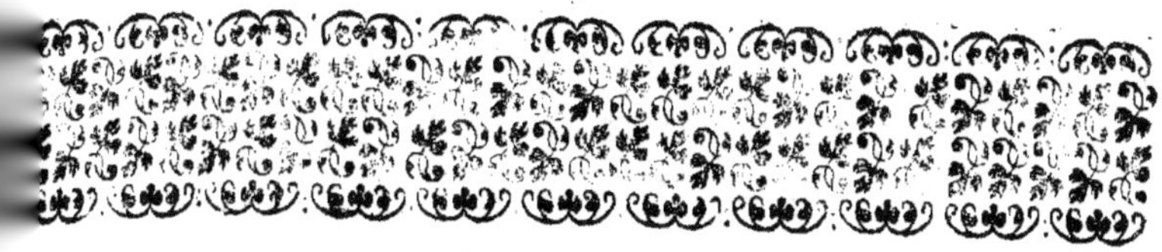

SCENE PREMIERE.

NAYS, Nymphe de la Seine. FAUNUS,
divinité des Bois.

FAUNUS.

A Rrestez, arrestez inconstante, inhumaine,
Regardez un fidele Amant,
Autrefois plus sensible à mon cruel tourment
Vous partagiez mes soins & le poids de ma chaîne.

NAYS.

Ie ne suis plus sensible aux charmes de l'Amour,
I'esteins avec plaisir les restes de ma flame,
Un soin plus important flate à present mon Ame,
Et m'occupe en ces lieux, & la nuit & le jour.

Depuis qu'un Heros favorable
Eslevant jusqu'au Ciel mille secrets Canaux,
Me fait couler par des chemins nouveaux
Pour attirer mon Onde en ce Séjour aimable.

B

L'homage & les respets du plus puissant des Dieux
Ne pourroient pas me satisfaire ;
Et lors que l'on cherche à luy plaire
Peut-on chercher à plaire à d'autres yeux?

FAUNUS.

Ne cachez point vostre inconstance
Sous cette trompeuse apparence.
Vous estes en naissant instruit à des détours,
On ne me seduit point par de pareils discours.

Cessez de m'abuser, cessez de vous contraindre,
L'Amour a trop sçeu vous toûcher ;
Quand on ne le sent pas on ne sçauroit le feindre,
Et quand on le ressent on ne peut le cacher.

NAYS.

Un Amant est trompé, plus souvent qu'on ne pense.
N'en croyez pas toûjours vos yeux
Depuis que je suis dans ces lieux,
Je connois par experience,
Qu'on s'abuse aisément quand on croit l'apparence.

FAUNUS.

Ah ! gardez ces déguisements
Pour de plus credules Amants,
Vostre Cœur pour Glauque soûpire.

Ce Dieu fur le Canal tient fon fuprème Empire.
Tous les Dieux des Ruiffeaux
Les Nymphes des Fontaines,
Par de fecretes veines
Vont luy porter leurs Eaux.

Vous bruflez de mefler vos flots avec fon Onde
Pour flater voftre vanité ;
Mais ce Dieu fier d'avoir porté
Le plus grand Roy du monde,
N'a pour la plus rare beauté
Qu'une dédaigneufe fierté :
Non, non je ne craint pas qu'à vos vœux il refponde,
Ses mépris puniront voftre infidelité.

N A Y S.

Mon inconftance naturelle
Excufe affez mon changement,
Eft-ce un crime d'eftre infidelle,
Lors que l'on peut changer pour un fi noble Amant.

F A U N U S.

Que ce difcours eft plein de cruauté,
Autrefois, quand je fçeus vous plaire
L'aveu de voftre Amour vous coufta tant à faire
Ah ! faut-il que celuy d'une infidelité
Vous ayt fi peu coufté ?

Contre vous je voudrois m'animer
Mais mon couroux est inutile,
Ah ! que n'est-il aussi facile
De vous haïr que de vous aimer.

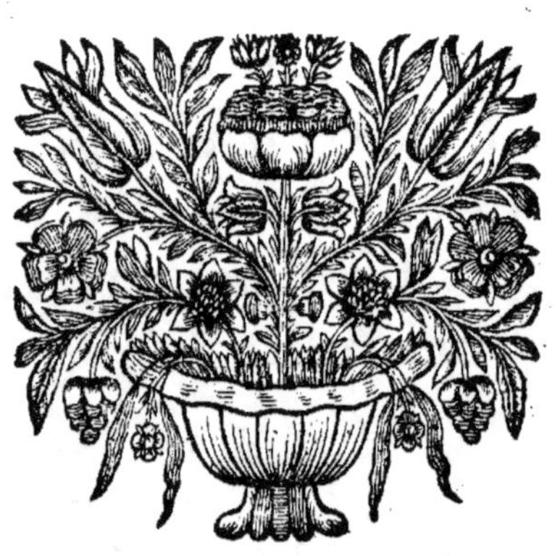

PREMIER

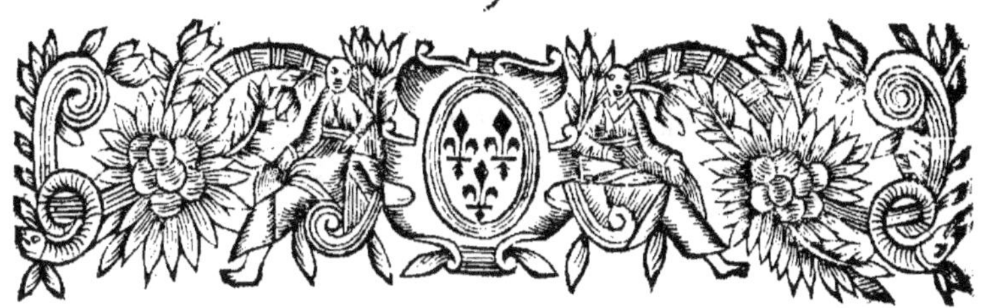

PREMIER
INTERMEDE.

TROUPE DE SYLVAINS ET DE DRYADES.

LE CHOEUR.

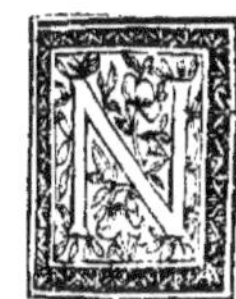*E verrons-nous jamais le temps*
Où les Amants feront contents ?

LA DRYADE.
Dans nos champs fous nos feüillages,
Leurs foùpirs & leurs pleurs expriment leurs tourments.

Le Chœur.
Ne verrons-nous jamais le temps
Où les Amants feront contents ?

LA DRYADE.
Quelques-uns font trop volages,
Et d'autres font trop conftants.
Le Chœur.
Ne verrons-nous jamais le temps
Où les Amants feront contents ?

C

DEUX DRYADES.

Gardons bien noſtre cœur
Des charmes de l'Amour, cherchons à le deffendre ;
Mais helas ! par malheur
Si nous l'avons donné, ſongeons à le reprendre.

UN SYLVAIN.

Non, iamais dans mon cœur l'Amour n'aura de
place,
L'Automne a moins de fruits, le Printemps moins
de fleurs,
L'Eſté moins de moiſſons, & l'Hyver moins de glace,
Que l'Amour de rigueurs.

Le Chœur repete ces trois derniers Vers.

SCENE SECONDE.

CYDIPE, Nymphe de Trianon.

Aimable liberté, preſſez voſtre retour,
Venez me vanger de l'Amour.
Revenez avec tous vos charmes
Calmez le trouble de mon cœur,
Helas ! où trouve-t'on des armes
Contre l'Amour vainqueur.

Je renonce aux doux nœuds dont l'Amour nous en-
chaîne,
    Il en couste trop de soûpirs,
    Mon cœur ne veut d'autres plaisirs
    Que d'estre exempt de peine.

Aimable liberté pressez vostre retour,
    Venez me vanger de l'Amour.

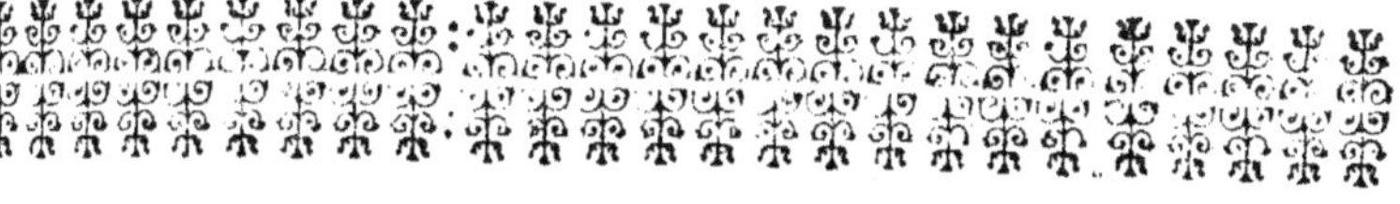

SCENE TROSIE'ME.

GLAUQUE, Dieu du Canal. CYDIPE.

CYDIPE.

VOUS m'aviez tant promis de n'estre point
    volage
    Je m'asseurois sur vos serments,
Contente de mes feux je refusois l'homage
    Que m'offroient mille Amants.

    Nous ne pouvons assez taire
    L'Amour qui sçait nous engager,
    Quand un Amant est seur de plaire
    Il croit n'avoir plus rien à faire,
    Qu'à le dire & qu'à changer.

GLAUQUE.

Autant que je l'ay pû, mon cœur tendre & fidelle
A bruſlé des ardeurs dont vous bruſliez pour moy ;
Mais enfin du Deſtin l'inévitable loy
M'ordonne de porter une chaîne nouvelle.

CYDIPE.

Sur la foy d'un calme flateur,
Je vous croyois l'Amant le plus conſtant du monde,
Vos flots eſtoient toûjours dans une paix profonde,
Malgré les vents & leur fureur ;
Aurois-je crû que voſtre cœur
Fuſt plus inconſtant que voſtre Onde.

Pour venir prés de moy, vous formiez un détour,
Vous étendiez vos Eaux au pied de mes bocages,
Et l'on vous voyoit chaque jour
Au milieu des Tritons, qui formoient voſtre Cour ;
Floter ſur les rivages
Les plus voiſins de mon Séjour,
Helas ! tout diſparoiſt, & l'Amant & l'Amour.

GLAUQUE.

Quels que ſoient les attraits d'une nouvelle chaîne ;
Je n'aurois point brisé des liens ſi charmants.
Si la puiſſance Souveraine,
D'un Heros qui commande à tous les Eſlements
N'avoit uny mon ſort à celuy de la Seine.

CYDIPE.

CYDIPE.

Infidelle, es-ce là l'effet de vos serments.
Haine, couroux, depit, armez vostre puissance
Venez tous dans mon Cœur, en ce funeste jour.
   Ah ! ne soûpirons plus d'Amour,
   Ne respirons que la vengeance.

Tirans impetueux, des ondes & des airs,
   Qui soûlevez l'Empire humide,
Laissez, laissez regner le calme sur les Mers,
Et n'armez vos fureurs que contre ce perfide.

   Mais où m'emporte ma douleur,
Que dis-je ? helas ! Aquilons que j'implore,
   Ah ! suspendez vostre fureur,
Cét ingrat, ce volage, helas ! ie l'aime encore,
Et de tout mon couroux mon amour est vainqueur.

   Dans la vengeance
   Que l'on gousteroit de douceur,
Si ce cruel secours, calmoit la violence
   Des feux qui devorent un Cœur.
Mais l'on prend bien souvent une nouvelle ardeur
   Dans la vengeance.

GLAUQUE.

   Ne soûpirez plus, vangez-vous
   D'un Amant infidelle,
   L'Amour a-t'il rien de plus doux
   Qu'une inconstance mutuelle.

CYDIPE.

*La Ri-
vicre
d'Eüre.

* *Cephise, dans ces lieux precipite ses pas;*
Les Monts & les Rochers, ne la retardent pas.

Elle y vient servir ma vengeance,
D'une Rivale qui m'offense,
Elle effacera les appas,
Je ne veux me vanger que par vostre inconstance.

GLAUQUE.

Je ne vivray jamais sous de nouvelles loix,
Il m'en a trop cousté pour changer une fois.

CYDIPE.

Non, non vous l'aimerez sans peine,
On rompt facilement une nouvelle chaine.

Quand on a fait du changement
Une douce experience,
On est infidelle aisément,
Rien ne couste moins en aymant
Qu'une seconde inconstance,
Quand on a fait du changement
Une premiere experience.

Cydipe. { *Ne soûpirons plus, vangeons-nous;*
Glauque. { *Ne soûpirez plus, vangez-vous;*
D'un Amant infidelle.
L'Amour a-t'il rien de plus doux
Qu'une inconstance mutuelle.

Cydipe. { *Ne soûpirons plus, vangeons-nous;*
Glauque. { *Ne soûpirez plus, vangez-vous;*
D'un Amant infidelle.

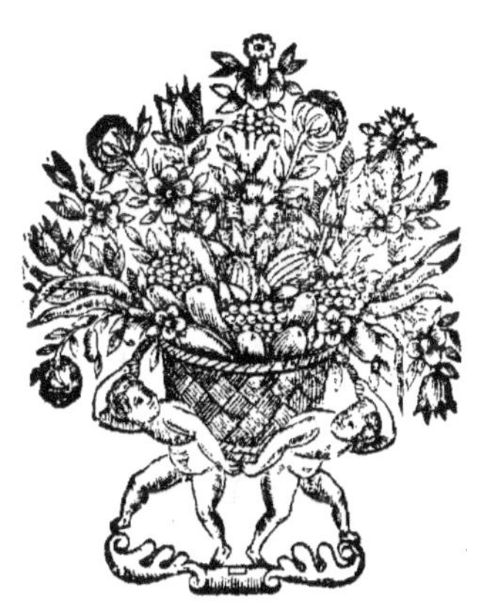

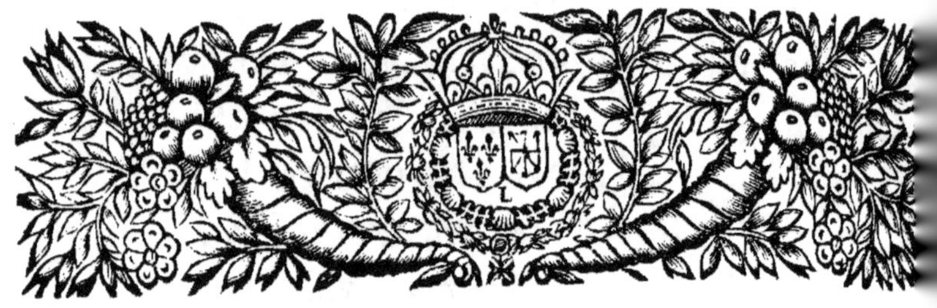

SECOND INTERMEDE.

TROUPE DE NAYADES ET DE TRITONS.

LE CHOEUR.

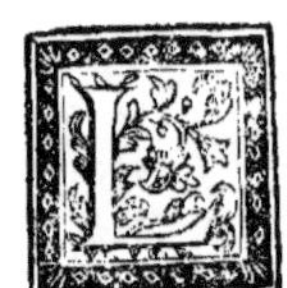

'Amour soumet à ses loix tout le monde,
Il est le maistre de nos Cœurs.

LE TRITON.

Il nous fait sentir ses ardeurs
Jusques au fond de l'Onde.

Le Chœur.

L'Amour soumet à ses loix tout le monde,
Il est le maistre de nos Cœurs.

LE TRITON.

Qui resiste à ses traits vainqueurs,
Rend sa blessure plus profonde.

Le Chœur.

Le Chœur.

L'amour ſoûmet à ſes loix tout le monde,
Il eſt le maiſtre de nos Cœurs.

Un Suivant de G L A U Q U E.

Jeunes Cœurs à l'Amour venez, rendre les armes,
Venez, vous offrir à ſes coups ;
Quand on a ſçeu gouſter des plaiſirs auſſi doux,
Quel autre plaiſir a de charmes.

UNE NAYADE.

Si l'on eſt inſenſible à tout autre deſir,
Quand l'Amour une fois nous lie ;
Je ne veux plus aimer, helas ! quelle folie
De renoncer pour un plaiſir,
A tous les plaiſirs de la vie.

Chœur de N A Y A D E S.

Quelle folie,
De renoncer pour un plaiſir
A tous les plaiſirs de la vie.

UN TRITON.

Sans deſir, ſans Amour, tout laſſe, tout ennuye.

Le Chœur.

Quelle folie,
De renoncer pour un plaiſir
A tous les plaiſirs de la vie.

E

Tout reſſent de l'Amour, les plus vives ardeurs ;
Le Zephir aime Flore,
Et la vermeille Aurore ;
Brillante de mille couleurs
Vient moins pour faire éclore,
Tant de charmantes fleurs ;
Que pour voir l'Objet qu'elle adore.

Le Chœur.

Suivons l'Amour offrons-nous à ſes coups,
Suivons un ſi charmant Empire ;
Si quelque fois on y ſoûpire,
Ses plaiſirs n'en ſont que plus doux.

SCENE QUATRIÉME.

GLAUQUE, Dieu du Canal. NAYS,
Nymphe de la Seine.

Enſemble. { *Aimons-nous, aimons-nous,*
Suivons une ſi belle envie,
Et voyons finir noſtre vie
Plûtoſt que cét Amour qui m'unit avec vous,
Aimons-nous, aimons-nous.

N A Y S.

Contre des feux si beaux qu'en vain s'arme l'envie,
Et laissons gemir les Jaloux.

Ensemble.

Aimons-nous, aimons-nous.

G L A U Q U E.

Admirons chaque jour le Heros qui nous lie,
Faisons de le charmer nostre employ le plus doux.

Ensemble.

Aimons-nous, aimons-nous.

N A Y S.

Ne craignez point que je sois infidelle,
Neptune m'offriroit son Empire & son Cœur;
Que je mépriserois Neptune & son ardeur,
Pour conserver une flame si belle.

G L A U Q U E.

Pour rendre mon Cœur inconstant
Thetis viendroit m'offrir les Eaux dont elle abonde,
Ses attraits seroient vains, & je suis plus content
De garder vostre Cœur, que l'Empire de l'Onde.

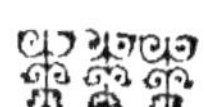

NAYS.

Helas ! si voftre Cœur,
Ceffoit d'eftre fidelle

GLAUQUE.

Si d'une Amour nouvelle,
Vous reffentiez l'ardeur.

NAYS.

On ne me verroit plus ferpentant dans les plaines,
Faire couler mes Eaux, & remplir les Fontaines;
Par mille agreables détours.
On n'entendroit plus mon murmure,
Et les prez qui bordent mon cours,
Languiroient triftement fans fleurs & fans verdure.

GLAUQUE.

Je r'entrerois bien-toft dans mes Grottes profondes,
Si je perdois voftre Cœur,
Et malgré les tributs qu'un aporte à mes Ondes,
On me verroit feicher, & tarir de douleur.

DEUX TRITONS.

Pour prevenir cette peine cruelle
Que vos Cœurs foient unis d'une chaîne éternelle,
Gouftez l'Amour & fes atraits,
Aimez-vous à jamais.

TROISIE'M

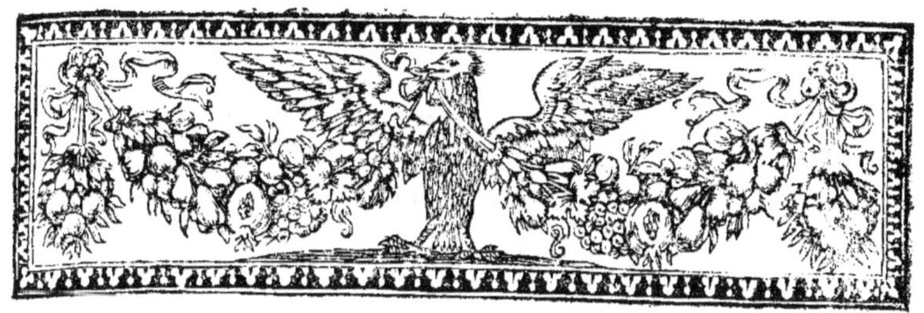

TROISIÈME
INTERMEDE.

TROUPE DE NYMPHES, DE BERGERS, DE FAUNES ET DE NAYADES.

LE CHŒUR.

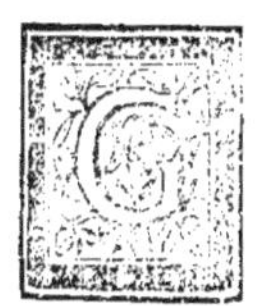

Oustez l'Amour & ses atraits,
Aimez-vous à jamais.

GLAUQUE.

Vous que je tiens soumis à mon obeïssance,
Dieux des Fleuves & des Ruisseaux ;
Meslez à nos Concerts le doux bruit de vos Eaux,
Chantez l'Amour & sa puissance.

Le Chœur.

Chantons, chantons l'Amour & portons nos Con-
certs,
Dans le milieu des Airs.

F

UNE NAYADE.

Suivez l'ardeur qui vous inspire,
Portez avec vos Eaux, l'Amour au sein des Mers.

UNE DRYADE.

Que tout ce qui respire
Soûpire,
Que tout ce qui respire
Porte ses fers.

Le Chœur.

Chantons l'Amour & portons nos Concerts
Au bout de l'Univers.

FIN.

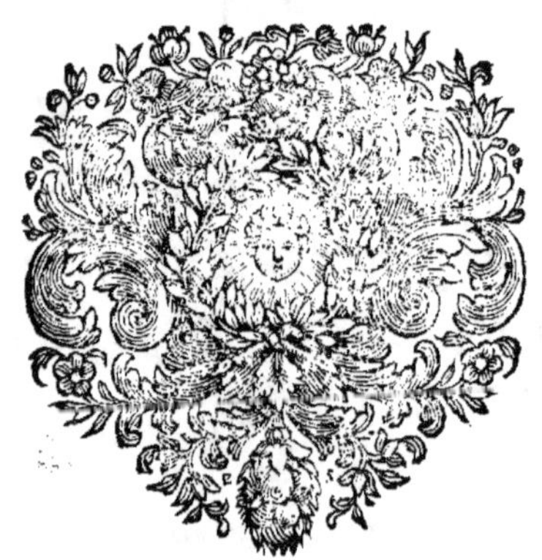